# Das Leben in Ostpreußen

## -Frieda Antonie Terner-

*Frieda Antonie Terner (Bild um 1970)*

# Vorwort

Ich, Dianella Terner Besada, habe im Keller Kassetten von vor
über 30 Jahren gefunden, die mein Vater (Olaf Terner) in
seiner Jugendzeit von seiner Oma (Frieda) aufgenommen
hatte, bevor sie 1993 verstarb. Als wir in unserer Ahnentafel
recherchierten, fanden wir ergänzende Berichte über die
Flucht aus Ostpreußen.

Auf den Seiten 58 und 59 haben wir Landkarten zur
Veranschaulichung angehängt.

# Frieda

Geboren bin ich, Frieda Antonie Beckmann, am 31. März 1910 in Giesewen im Kreis Sensburg in Ostpreußen. In Giesewen sind wir nicht lange geblieben. Mein Papa zog 1912 nach Kerstinowen, wo er eine Gast- und Landwirtschaft gekauft hatte. Dort habe ich eine schöne Kindheit verlebt. Wir hatten ein wunderschönes Gelände mit einem schönen Fluss. An dem Fluss waren wir sehr oft, haben gespielt, gebadet und sind Eis gelaufen. Einmal bin ich von der Brücke in den Fluss gefallen. Reingefallen sind wir zwar öfter, nicht bloß ich, aber ich bin reingefallen, so dass ich gleich weg war. Alle suchten mich und fanden mich an einer seichten Stelle flussabwärts. Als der Arzt kam, musste er mich wiederbeleben. Außerdem hatten wir auf unserem Gelände eine schöne Sandkorne, die nicht weit von unserem Gehöft entfernt war. Wir sind von oben in den Sand reingesprungen. Da brauchten wir keinen Sandkasten wie die Kinder heute. Wir hatten genug Auslauf.

In Kerstinowen fing ich an zur Schule zu gehen. Es gab nur eine Klasse. Wir hatten einen alten Lehrer. Wenn er mit den Größeren Unterricht machte, dann mussten wir still sein oder die Größeren mussten uns beim Schreiben oder Lesen helfen. Als ich größer war, war ich schon nicht mehr in dieser Schule. Wir zogen wieder einmal weiter.

Mein Papa war ein Wandervogel. Er blieb nicht lange an einer Stelle. Er hatte Rheuma und der Arzt hatte ihm geraten, die Gastwirtschaft aufzugeben, weil er immer stehen und „mal" ein Schnäpschen trinken musste. Es kamen die Leute und jeder wollte etwas trinken. Also musste er immer ein bisschen mittrinken. Wie man manchmal so sagt: „Der Gastwirt ist der beste Kunde selbst." Aber so war der Papa nicht. Die Hauptursache war, dass es zu sehr zog, weil die Tür immer auf und zu ging. Wir hatten nicht nur Getränke, sondern auch Kolonialwaren. Früher war es üblich, dass alles im Laden war. Man bekam alles zu kaufen.

1920 zogen wir wieder fort. Erstmal nach Stürlak. Das war im Kreis Lötzen. Dort gefiel es Papa nicht, denn er hatte nur noch eine Landwirtschaft, die hinter einem Bahngleis lag. Wenn er nämlich vor den Bahngleisen stehen bleiben musste, wurden die Pferde wild, weil sie sich vor dem Zug fürchteten, wenn er pfiff. Das wollte er nicht. Er sagte: "Das mache ich nicht. Über die Bahngleise fahren, das mache ich nicht." Also verkaufte er wieder.

Das war schon in der Inflationszeit, 1921. Da fing es schon an. Es war schwierig, überhaupt noch an Wirtschaften zu kommen, denn jeder wollte sich etwas sichern und keiner wollte etwas verkaufen. Aber der Papa war eben anders. Er sah das noch nicht. Früher hatten sie noch nicht so einen Weitblick.

Daraufhin kaufte er 1921 eine Wirtschaft in Sulimmen im Kreis Lötzen. Die Wirtschaft war schon kleiner, weil mittlerweile alles teurer geworden war. Warum dem Papa die Wirtschaft nicht gefiel, das weiß ich nicht. Jedenfalls wollte er auch diese Wirtschaft nicht behalten. Vielleicht war es ein wenig ungünstig, weil es Winterzeit war und er mit seinem Bein Probleme hatte. Die Leute überredeten ihn, die Wirtschaft zu verkaufen. Meine Mutter musste immer raus, um Wirtschaften zu besichtigen. Es fiel ihr schwer, aber sie musste...

So haben wir noch im selben Jahr eine Wirtschaft in Dorren bekommen. Es war ein altes, kleines Restgutchen, ein parzelliertes Gut. Die Gebäude waren dennoch groß. Trotzdem war alles verloddert und nur eine weitere Pächterin darauf. Aber der Papa war ein guter Landwirt. Er richtete alles wieder schön her.

In Dorren habe ich meine Jugend verlebt. Bis zu meiner Hochzeit war ich dort. Unsere Jugendzeit war wunderschön. Dorren war eine etwas größere Ortschaft mit sehr vielen Bauern und wohlhabenderen Gutschaften. Es war sehr schön gelegen, am Spirdingsee, direkt an der Sexter Bucht. Wir sind sehr viel Kanu gefahren und im Winter haben wir Schlittenfahrten auf dem Eis gemacht. Es war wunderschön und im Sommer sind wir am See spazieren gegangen und haben oft gebadet. Ein Teil unseres Geländes lag an dem See. So gingen wir gleich, nachdem wir auf dem Felde waren, nach der Arbeit, ins Wasser, bis wir dann wieder nach Hause gingen.

Wir hatten ein gutes Vereinsleben. Der Lehrer war ein prima Lehrer. Wir machten mit ihm viele Ausflüge, Radtouren, Spaziergänge oder fuhren mit der Bahn. Je nachdem, wie es sich ergab. Darüber hinaus haben wir 14 Tage in Neukuren verbracht, die mir sehr lange in Erinnerung geblieben sind. Es war sehr schön.

Inzwischen war ich auf einer Volkshochschule, nicht wie hier, dass es nur Abendkurse gibt. Die Mädchen waren den Sommer über und die Jungen den Winter über in der Schule. Es war ein großes Schloss, ein profiliertes Gut. Wir waren immer zu zweit in einem Zimmer untergebracht. Dort war ich nur einen Sommer. Von der Schule aus haben wir viele

Touren gemacht. Vor allem haben wir Schlösser, Denkmäler und Museen besichtigt.

In unserem Gesangsverein in Dorren waren wir nicht ganz 20 Mädels, ziemlich im gleichen Alter. Wir haben viel gesungen, und der Lehrer hat sich so viel Mühe mit uns gegeben. Wir haben auch viel Theater gespielt, nicht nur in unserem Ort, auch auswärtig mussten wir spielen und singen. Bei Feierlichkeiten mussten wir immer da sein, was uns sehr behagte. Festlichkeiten, alle Samstage oder Sonntage, das gab es nicht. Es wurde nicht so viel getanzt und geschwirbelt. Dafür gingen wir, wenn es Abend wurde, durch das Dorf oder saßen auf der Terrasse und sangen unsere Lieder. Niemand hat sich daran gestört. Einer im Ort spielte Ziehharmonika. Wir saßen und lauschten oder sangen mit.

Dann gab es die Handarbeitsabende. Ich glaube es war donnerstags abends. Es ging immer von einem zum anderen, zum Beispiel heute bei uns und das nächste Mal beim Nachbarn. Jedes Mal musste es ein anderer ausrichten. Es wurden Kaffee und Kuchen gemacht. Jeder brachte eine Handarbeit mit. Erst wurde schön gemütlich getrunken und gegessen, und anschließend ging es ans Handarbeiten und ans Erzählen. Wer wollte, konnte sich auch hinsetzten und spinnen. So manches wurde ausgetauscht, die Neuigkeiten aus dem Ort, oder wer sonst etwas Neues wusste.

Dann war ich in dem Alter, in dem wir anfingen zu heiraten. Aber wir waren die einzigen Katholiken im Ort. Wir haben es aber nicht so empfunden, dass sie uns deshalb nicht mochten. Die Pommerer sind gehässig gewesen, aber in Ostpreußen gab es sowas nicht. Freier hatte ich vielleicht ja viele, aber vielleicht waren wir doch eingebildet, denn die jungen Männer sagten, die Beckmannmädels seien eingebildet. Wenn ich jetzt darüber nachdenke, stimmt das sogar ein bisschen. Wir wollten immer mehr haben, als es in Wirklichkeit sein konnte. Erst war dieser nicht gut genug und dann war jener nicht gut genug. Zudem musste es noch ein Katholik sein. Darauf hielten wir früher sehr, obwohl wir ganz unter den Evangelischen waren. Ich hatte auch einen, der evangelisch war. Ich hatte ihn ganz gern und er mich auch. Er hatte gesagt, dass er katholisch werden will und sogar zum Pfarrer geht. Aber ich hatte nicht Traute gehabt. Ich dachte, hier komme ich in seine Wirtschaft rein, er hatte eine Landwirtschaft, da sind die Mutter und die Verwandtschaft evangelisch. Doch ich habe mich nicht überwinden können und habe ihm gesagt, dass es doch nichts werden könne. Überlegst noch und überlegst noch. Doch dann kam er und sagte: „Ich habe schon eine gefunden, aber überleg doch noch." Er überlegte auch. Ich wiederum sagte, dass es da nichts mehr zu überlegen gäbe und wünschte ihm alles Beste und Gute.

Es hat nicht lange gedauert und ich wurde zu einer Hochzeit eingeladen, bei der ich Johannes Trzeczak kennenlernte. Er wurde auch eingeladen. Wir wurden, wie man sagte, „gekuppelt". Da sollten wir uns kennenlernen. „Wollen wir uns mal wieder treffen?", fragte Traudel, die älteste von den Trzeczaks. Also trafen wir uns wieder. Er hatte öfters darauf gedrungen. Sie kamen immer nach Dorren und ich musste nach Lyck fahren. In Lyck hatten die Trzeczaks eine Buchhandlung. Dort lebten Rosel und Liesel, die Schwestern von Johannes. Sie hatten uns öfters ins Theater eingeladen, bis wir zusammenkamen. Er war 14 Jahre älter als ich, was mich nicht weiter störte. Johannes hatte ein Wissen, er wusste in allem Bescheid. Ich dachte, wenn ich jemanden heirate, dann muss der schon ein bisschen aufgeweckt sein. Er muss ein bisschen was verstehen, damit die Kinder nachher nicht so dumm werden. Es genügt, wenn ich schon so dumm bin. Einer von beiden sollte schon etwas wissen. So kam 1938 unsere Hochzeit zustande.

1938 zogen Johannes und ich nach Groß Borken. Die Wirtschaft war nicht groß, aber mich hatte das nicht gestört. Trotzdem hatte ich mich nie in Groß Borken eingelebt.

Dann kam unser erstes Kind, ein Mädchen, auf die Welt. Durch den Krieg ist es von der Hebamme leider zu spät erkannt worden, so dass es dann starb. Der Arzt konnte nicht schnell genug kommen. Er hatte kein Auto, weil alle Autos eingezogen worden waren. Das Militär verkehrte schon an der Hauptstraße. Es war sehr unruhig.

Johannes wurde 1939 als Treuhänder auf die Güter eingezogen, weil er als Soldat untauglich war. Er hatte Rückenverkrümmungen aus dem ersten Weltkrieg. Als er in Frankreich gewesen war, hatte er im Schützengraben gelegen. Es musste damals ein furchtbarer Regen gewesen sein. Die Schützengräben hatten voller Wasser gestanden, weshalb er Rheuma bekam. Außerdem hatte sich ein Knöchel ausgeschieden und verknorpelt. Mit der Zeit wurde es immer schlimmer.

1940 kam unser zweites Kind, Hans, auf die Welt. Mein Papa lebte noch, als Hans geboren wurde. Er starb jedoch, als Arnold, unser drittes Kind, unterwegs war. Er starb im Januar und Arnold wurde im Mai 1942 geboren.

*Friedas Mutter, Arnold,*
*Hans und Frieda*

*Hans und Arnold*

# *Johannes*

## Kurze Chronik über die Gemeinde Groß Borken

Die Gemeinde Groß Borken ist im Verhältnis eine ganz junge Gemeinde. Bis kurz nach dem 1. Weltkrieg bestand Groß Borken aus den Gutsbezirken Groß Borken mit den Gütern Klein Parlöse, Klein Borken und dem Ortsteil Dombrowken mit Bahnhof. Hier standen vor dem 1. Weltkrieg zwei große Schotterwerke, die ihr Material aus den Nachbargemeinden Kobulten und Steinfelde bezogen. Das Gut Groß Borken gehörte Herr Von Berg, der Landrat des Kreises Ortelsburg gewesen ist. Eine Gedächtnistafel am Gutshause erinnert an seine hervorragende Tätigkeit im Kreise. Im Gutspark fand er seine letzte Ruhestätte.

1912/1913 wurden die ersten Siedlungen auf der Gemarkung gebaut. Es wurden ca. acht Gehöfte in Größen von 3- 15 ha errichtet. Diese waren sehr stabil aus roten Ziegelsteinen aufgebaut. Sie befanden sich 1944 noch im besten Zustande.

Die Gemeinde Groß Borken ist eine Streusiedlung und lag an der Chaussekreuzung Bischofsburg-Sensburg und Ortelsburg-Bahnhof Dombrowken. Von hier ging ein Feldweg zu der Nachbargemeinde Almoyen. Der Bahnhof lag an der Strecke Zinten-Rudzanny. Die Gemeindegrenzen waren der Kreis Sensburg und der Kreis Rössel.

Verkehrslage: Der Bahnhof Dombrowken lag in der Gemeinde. Nach Königsberg und Allenstein gab es sehr gute Verbindungen. Die Lage zur Kreisstadt war aber sehr ungünstig. Groß Borken lag ca. 30 Kilometer von der Kreisstadt entfernt. Die Zugverbindung dorthin war ebenfalls ungünstig. Die evangelische und die katholische Kirche standen im Nachbarort Kobulten und waren über einen ca. drei Kilometer langen Chausseweg zu erreichen. Der katholische Pfarrer Zink blieb 1945 bei seiner Gemeinde. Die Polizei und die Post hatten ebenfalls ihren Sitz in Kobulten.

Nach dem 1. Weltkrieg stellten beide Schotterwerke den Betrieb ein. Auf einem der Plätze richtete die Firma Himmelsbach 1923 ein modernes Sägewerk ein. Das Restgut hatte Konrad Daum gekauft. Er war ein Bruder der Brauereibesitzer Daum in Ortelsburg und Bischofsburg. Das Gut Dombrowken hatte ein Pole, namens Walkowiak, gekauft, der nach der Abstimmung das Gut fluchtartig verlassen hatte. Die Abstimmung zeugte 100%ig für Deutschland. 1931 gab Konrad Daum das Gut für Siedlungszwecke ab. Es entstanden ungefähr 30 Streusiedlungen in Größen von etwa 10 bis 18 ha. Das Gut Dombrowken wurde ebenfalls zu Siedlungen aufgeteilt und an Anlieger verkauft. Die Gutshäuser kaufte der Staat. Das in Groß Borken wurde vom Landjahr bewohnt, das Gutshaus Dombrowken wurde vom weiblichen Arbeitsdienst belegt. Beide Lager wurden von den Siedlern sehr geschätzt. Die Gemeinde bestand vorwiegend aus bäuerlichem Besitz. Die Schneidemühle kaufte etwa 1927 ein Herr Damerau aus Königsberg, der das Werk sehr verkleinerte, aber eine moderne zwei Tonnen Mühle einrichtete, die den Bauern sehr zu statte kam. Neben der dreiklassigen Volksschule wurde die Berufsschule eingerichtet. Eine Mittelschule war in Bischofsburg und bequem mit der Bahn zu erreichen.

Die Vereinstätigkeit in der Gemeinde war sehr rege. Für Kriegerverein, Sport- und Kleinkaliberschützenverein bestand größtes Interesse. An einem modernen Schießstand wurde gearbeitet. Wohl bis 1925 war die Gemeinde in Gutsbezirke aufgeteilt. Erst nach Auflösung derselben fanden die ersten Gemeindewahlen statt und der erste Bürgermeister wurde August Dannapfel, der später von dem Siedler Paul Ollech abgelöst wurde. Besonderheiten hat die Gemeinde nicht aufzuweisen. Der große Reichtum der Siedler waren die vielen Gärten und Wiesen, die der großen Meliorationsgenossenschaft in Dimmerwiese angeschlossen waren. Die Haupteinnahmen der Siedler kamen aus Viehzucht und Milchwirtschaft. Eine kleine Wohlhabenheit war den Siedlern nicht abzusprechen. Da Wald und Wasser fehlten, ist jagdlich nichts Besonderes zu erwähnen.

Im 1. Weltkrieg hatte die Gemeinde keine materiellen Schäden aufzuweisen.

Die Einwohnerzahl betrug 1944 91 Familien mit rund 500 Seelen, ausschließlich 45 Landjahrmädel und 45 Mädel im Arbeitsdienst. Ungefähr Mitte Januar kam der Räumungsbefehl für die Gemeinde, mit der Begründung, dass hier eine Auffangstelle ausgebaut werden soll. Alle Einwohner sollten sich in die Gemeinden Warpunen und Sonntag östlich des Kreises Ortelsburg, zurückziehen. An eine Rückkehr hat damals aber wohl niemand mehr geglaubt.

Das ganze Inventar blieb in den Stallungen. Ich selbst blieb noch bis zum 20. Januar auf meinem Gehöft, bis ein weiterer militärischer Befehl kam, unverzüglich zu räumen, da die Chauseekreuzung vermint wird. Der Russe wurde bereits in Mennsgut gemeldet. Ich fuhr so mit zwei beladenen Wagen zum Köhlershof zu meinem Bruder. Hier, ca. 3 Kilometer von meinem Gehöft, blieb ich noch bis zum 27. Januar. Und dann fing die Reise ins Ungewisse an.

Wohl einen Tag vor meiner Ausreise hörten wir heftige Detonationen, der Bahnhof und das Ortsteillager wurden gesprengt. Letzteres war ein sehr großes Vorratlager und wurde erst in den Jahren 1943/44 errichtet.

1946 konnte ich noch einmal meine Heimat von Pommern aus besuchen. Fast 60% der alten Bekannten traf ich auf ihren Wirtschaften an. Sie waren schon in Ostpreußen von den Russen überrannt worden. Ausgebrannt waren die Schule, das Bahnhofsgebäude und die Wirtschaft von Paul Mittmann. Von den Russen erschossen sind mein Nachbar Wizorek und der Melker Scheiba aus Klein Borken. Auf der Flucht erschossen sind, soweit ich festgestellt habe, Hauptlehrer Krüger, der Siedler Rexa, der Altsiedler Golan, der Sohn des Bürgermeisters Ollech „Ewald" und der Bruder des Bürgermeisters „Emil Ollech". Verschleppt sind zwölf Männer und einige Mädel. Wie viele davon zurückgekommen sind, ist mir unbekannt. Zwei andere weibliche Personen, eine davon Martha Kelput, sollen von den Polen verschleppt und in Warschau zu Tode gequält worden sein. Es könnten sich heute höchstes noch drei bis vier Familien in der alten Heimat befinden.

(Johannes Terner, Jahr unbekannt)

# Frieda

1945 ging alles auf die Flucht. Alle mussten raus, weil die Russen kamen. Meine Mutter war noch nicht mit auf der Flucht. Meine Schwester Marta musste bei den Russen immer tote Pferde begraben. Die lagen in den Chausseegräben. Überall lagen tote Pferde. Aber sie sagte, dass die Russen eigentlich nicht so schlecht seien. Meine Mutter saß auf dem Speicher und musste Säcke flicken. Später ist sie bis in die Ostzone gekommen, nach Osterburg. Dort ist sie auch gestorben. Alles sollte geräumt werden. Wir mussten alle raus, weil die Brücken gesprengt werden sollten. Johannes hatte sich mit seinem Halbbruder Georg besprochen, dass wir zusammen fliehen. Wir wollten schon früher. Dann wären wir weiter vorwärtsgekommen, aber Georg und seine Frau Mia, die Eltern von Konrad und Gerhard, wollten noch nicht. Mia war voller Hoffnung. Sie sagte: „Ach, der Hitler hat noch was, eine Geheimwaffe. Wir bleiben doch noch. Wir warten noch ab." Sie hatte noch auf Hitler gehofft. Der Johannes hingegen war ein toller Gegner gewesen. Bei uns gab es sowas nicht, aber Mia hatte noch auf ihn gehalten. Wir konnten das nicht verstehen. Immer, wenn wir zusammen waren, wurde debattiert. Nun war es aber so weit. Wir fuhren nach Zillershofen, um gemeinsam abzufahren. Mia wollte aber für die Flucht noch Dauerwurst machen. Also schlachteten wir noch ein Rind. Da kam auch schon die SS und teilte uns mit, dass wir das Land verlassen sollten, weil sie die Brücken sprengen wollten, um die Russen aufzuhalten. Doch es nützte nichts…

Schon im Januar 1945 flohen wir vor dem Einmarsch der russischen Truppen aus Ostpreußen. Es war ein schwerer und nervenaufreibender Weg bis uns die russischen Truppen am 10. März 1945 in Lanz im Kreis Lauenburg in Pommern einholten. Ratlos, wo wir nun hinsollten, entschloss sich mein Mann, zurück in die Heimat zu fahren. Doch dazu kam es nicht, denn in Kose im Kreis Stolp in Pommern, mussten wir haltmachen. Johannes musste erst bei den Russen und dann bei den Polen auf dem Gut in Kose arbeiten. 13 Jahre lebten wir dort unter fremder Herrschaft.

*Frieda vor dem Haus in Kose*

Im März 1958 durften wir endlich mit einem Flüchtlingstransport in die Bundesrepublik Deutschland ausreisen.

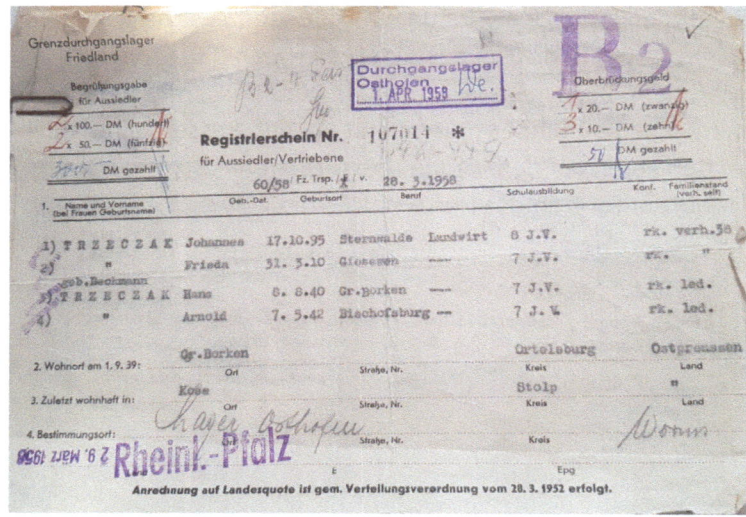

Im Auffanglager Friedland wurden wir registriert und in das Flüchtlingslager Osthofen bei Worms weitergeleitet. Dort wurde uns eine Wohnung in Gangloff bei Meisenheim zugewiesen. Im April oder Mai 1958 konnten wir die Wohnung in Gangloff beziehen. Es war ein sehr ungünstiger Ort, weil es keinerlei Perspektiven für die Kinder, Hans und Arnold, gab. Nach vielen Behördenbesuchen erhielten wir im November 1959, in Otterbach bei Kaiserslautern, eine andere Wohnung. Von der G.F.K., aus Bonn, haben wir eine Nebenerwerbssiedlung in Otterberg zugeteilt bekommen. Als das Wohnhaus fertig gebaut war, zogen wir im Mai 1961 nach Otterberg um, wo wir dann endlich eine Bleibe finden konnten. Leider verstarb Johannes schon im November 1972.

Ich wohne hier schon seit über 30 Jahren. Die Kinder Hans und Arnold haben inzwischen geheiratet und wohnen auch in Otterberg. Ich habe mit den Jahren Otterberg und die Pfalz recht liebgewonnen. Nur manchmal denke ich an Ostpreußen, wo ich meine glückliche Kindheit und Jugendjahre erleben durfte.

(Otterberg, 1983/84)

Landesamt
triebene, Flüchtlinge
und Evakuierte
415 - 21 - ol/5 Lü/Do

Bremen, den 9. Juni 1958
Am Wall 197
Fernruf: 361   2651

H errn
Johannes Trzeczak
Gangloff / Pfalz
Krs. Kusel

Betr.: Umschreibung
Bezug: Ihr Schreiben vom 22.5.58

Sehr geehrter Herr Trzeczak!

Ihr o.a. Schreiben, gerichtet an das Grenzdurchgangslager Friedland,
wurde uns zuständigkeitshalber übersandt.

Umschreibungen vom Einweisungsland in das Land Bremen können nur
dann verwirklicht werden, wenn der Antragsteller, auch unter Ein-
beziehung seiner Familienangehörigen, im Lande Bremen über ein
ausreichendes Unterkommen verfügt.

Die in Bremen vorhandenen Lagerunterkünfte sind bereits mit Zu-
wanderern und Aussiedlern voll belegt, sodaß eine Lagereinweisung
leider nicht in Erwägung gezogen werden kann.

Wir bedauern daher sehr, Ihrem Antrag auf Umschreibung in das
Land Bremen nicht entsprechen zu können. Sollten zu einem späteren
Zeitpunkt die wohnungsmäßigen Voraussetzungen für eine Umschreibung
bei Ihnen vorliegen, bitten wir, erneut an uns heranzutreten.

Im Auftrag:

(L ü h r s e n)

# Konrad

Ich, Konrad Terner, hatte zwei Brüder. Der ältere Bruder,
Hans-Georg, war am 20.04.1920 und der jüngere, Gerhard,
am 03.07.1926 geboren. Ich am 02.09.1922. Vater Georg ist in
Sternwalde geboren. Dort war der Besitz von Großvater
Johannes. Sternwalde lag 3 Kilometer von der Kreisstadt
Sensburg entfernt und war etwa 400 Morgen groß, davon 50-
60 Morgen Wald und ein See von 96 Morgen. Opa Johannes
war zweimal verheiratet. Seine erste Frau war eine geborene
Schacht. Aus dieser Ehe stammten Tante Rosa (Buchhandlung
in Lyck), geboren 1886, und mein Vater Georg, geboren am
03.07.1889. Nach dem Tode von Vaters Mutter, heiratete
Großvater eine geborene Engling. Aus dieser Ehe wurden
noch geboren: Onkel Johannes (Landwirt in Groß Borken, 4
Kilometer von Köhlershof), Tante Elisabeth, Onkel Paul und
Tante Grete (Buchhandlung in Breslau). Tante Elisabeth war
bei Tante Rosa tätig. Leider verkaufte Großvater das schöne
Sternwalde im Krieg, da alle drei Söhne Soldaten waren. Er
wollte nach dem Krieg einen neuen Hof kaufen, denn in
Sternwalde brannte es oft durch Blitzschlag. Großvater
zögerte den Kauf weit hinaus, bis in die Inflation und verlor
alles.

Unsere Mutter stammte aus Hohensee, etwa 6 Kilometer von
uns. Sie hatte einen Bruder Hans und eine Schwester Anna.
Ihre Eltern hatten einen Hof von 120 Morgen mit einer
Gastwirtschaft. Mutters gefallener Bruder Hans war durch
und durch Bauer und wollte von der Gastwirtschaft
überhaupt nichts wissen. Etwa 1912, nach dem Tode von
Großvater, wurde der Besitz in Hohensee verkauft und
Köhlershof gekauft.

# Kurze Chronik über den Köhlershof

## Betreff Namensänderung:

1.) Köhlershof hieß bis etwa 1936 Groß - Kosarken Wehlack. Diese Änderung erfolgte auf höhere Anordnung.

2.) Auf eigenen Antrag unseres Vaters wurde der Name Trzeczak ( Tchechisch =Dreizak ) in Terner geändert. Siehe Geburtsurkunden von Konrad und Gerhard mit Bestätigung der Anordnung des Regierungs-Präsidenten vom 25.Februar 1941 durch den Standesbeamten Szostak aus Sorquitten.

Wir haben beschlossen, daß der Besitzanspruch nicht verloren gehen soll. Mit Erbansprüchen sollen stets folgende von uns genannten Kinder als Erbnachfolger mit gleichen Teilen - je zur Hälfte - auftreten können.

Hans-Georg Terner                    Klaus-Georg Terner

Wir bitten, daß diese von uns erstellte Erklärung stets an weitere Generationen weitergegeben werden soll.

Konrad Terner                    Gerhard Terner

*Namensänderung von Trzeczak zu Terner*

Unsere Eltern haben bis zur Flucht am 27. Januar 1945 den 127,25 ha= 509 Morgen großen Hof bewirtschaftet. Davon waren ca. 78 ha Ackerland, 22 ha Wiesen und Weiden, 23 ha Wald und 4,25 ha Hofraum und Unland. Der Hof lag an der ehemaligen Bundesstraße 127, die von Allenstein über Wartenburg, Bischofsburg, Sensburg weiter nach Osten führte. Köhlershof lag 3 Kilometer westlich von Sorquitten und fast in der Mitte zwischen Bischofsburg und Sensburg. Die Bundesstraße ging durch unser Land in Ost-West Richtung. 16 Morgen lagen südlich, der Rest nördlich von der Straße. Angebaut wurden Roggen, Gerste, Hafer, Kartoffeln und Rüben. Außerdem hatten wir zwölf Ackerpferde, zwei Kutschpferde, ein Pferd für den Milchwagen sowie fünf bis sechs Fohlen. Der Gesamtbestand von Rindvieh betrug um die 50-55 Stück, darunter waren Milchkühe, ein Zuchtbulle, Jungvieh und Kälber. Im Schweinestall waren ca. fünf Zuchtsauen, um die 30-40 Mastschweine und entsprechend Ferkel. Im Sommer hatten wir ca. 10 Schafe. An Gebäuden standen ein Wohnhaus, Schweine-, Pferde- und Kuhstall, Scheune und Speicher mit Schmiede. Ferner zwei Insthäuser, die von fünf Familien bewohnt wurden.

Rund 400 Morgen wurden landwirtschaftlich genutzt. Unter dem Pflug standen 310 Morgen. 90 Morgen waren Wiesen und Weiden. Dieser hohe Anteil war nötig für die Stallfütterung im Winter, die klimatisch 215 Tage lang waren. Nur 150 Tage war das Vieh im Sommer auf der Weide. Folglich musste viel Heu gemacht werden. Viehaustrieb war etwa der 10. Mai, Eintrieb der 10. Oktober.

Ende September gab es den ersten Frost. Am ersten Montag im Oktober begann die Kartoffel- und Hackfruchternte. Morgens war es oft noch leicht gefroren, also kalt für die Kartoffelsammler. Gesät wurden im September 100 Morgen Roggen. Winterweizen erfror bei uns. Im Frühjahr kamen ca. vier Morgen Sommerweizen zur Aussaat, um genug Weizen für die Deputate unserer Leute und den eigenen Haushalt zu haben.

Das Land war ein großes, etwa gleichseitiges Dreieck. An den drei Seiten gab es drei Nachbarn. An den einen grenzten wir an Köhlersgut (früher Groß Kosarken-Dönhofstedt). Besitzer war Herr Lehmann, dessen Besitz rund 400 ha groß war. An der zweiten Seite lag Zweilinden (früher Klein-Kosarken). Besitzer war Herr Tresp mit über 100 ha. Die Grenzen an Lehmanns und Tresps waren mit 3-4 Meter breiten Hainbuchen bewachsen. An der dritten Seite grenzte Sorquitten, dessen Besitzer Freiherr von Paleske war. Sorquitten war in unserem Kreis der größte Besitz von fasst 4000 ha.

### Bruder Hans-Georg

Bruder Hans-Georg wurde im Herbst 1942 Leutnant. Danach kam er an die Front in den Kaukasus. Seine Ahnung, dass er nicht mehr nach Hause komme, erhärtet sich dadurch, dass in seinem kleinen Nachlass aus persönlichen Dingen auch ein vor seiner Verwundung am 6. Dezember 1942 geschriebener Brief war. In diesem schrieb er unter anderem über die Aufteilung seines Kontos nach dem Tode. In einem seiner letzten Briefe stand, dass die Hauptkampflinien nur 50 Meter auseinanderlagen. Der Russe lag oberhalb des Berges und konnte die Handgranaten fast in ihre Stellung werfen.

Aus dem Feldlazarett Nr.2 in Krasnodar kam dann Post mit der Nachricht der Verwundung am Knie und am Oberschenkel und Streifschüsse an Bauch und Brust durch eine Maschinengewehr-Garbe. Er hoffte, bald transportfähig zu sein und in die Heimat zu kommen.

Mutter hatte eine Cousine namens Prass in Königsberg, wo Onkel Prass Rektor einer Schule war. Ein Sohn war Chirurg und Stabsarzt im Südabschnitt. Mutter schrieb an ihre Cousine. Diese schrieb nun an ihren Sohn und der Zufall wollte es, dass dieser Chefarzt im Lazarett I in Krasnodar war. Er erhielt den Brief so am 12./13. Januar 1943 und fuhr sofort zu Hans-Georg ins Lazarett Nr.2.

Die Feldpost von Hans-Georg war zwischenzeitlich immer kürzer geworden, ja sogar von Kameraden für ihn geschrieben, weil er immer schwächer wurde. Unter anderem hatte Hans-Georg auf dem Verbandsplatz einen Gipsverband um das Knie bekommen. Im Lazarett sagte er den Ärzten, sie mögen den Verband abnehmen, denn er vermutete Läuse darin. Leider taten die Ärzte das nicht. Als nun der Sohn von Tante Prass etwa am 12./13. Januar 1943 kam, hatte Hans-Georg bereits 34 Grad Temperatur, und die Blutwerte waren sehr schlecht. Als der Gipsverband auf Anordnung von Prass abgenommen wurde, war das Knie total vereitert und hatte Läuse. Vor einer Amputation des Beines, wenn überhaupt nötig, musste das Blut verbessert werden. Also wurde eine Blutkur gemacht. Sollte Hans-Georg diese etwa sieben Tage überstehen, dann wäre keine Lebensgefahr mehr gegeben. Er verstarb am 17. Januar 1943 an Paratyphus. Wir erfuhren vom ganzen Geschehen über unseren Verwandten. Auch fotografierte er das Grab, wovon wir noch heute ein Bild haben.

Hans-Georg Terner
Leutnant in einem Panzerregiment

# Gerhard

## Der letzte Urlaub von Bruder Hans-Georg bei seinen Eltern in Köhlershof im Oktober 1942

Überraschend kam mein Bruder Hans-Georg, Leutnant der Gebirgsjäger, in Urlaub. Die Freude der Eltern und mir war groß. Doch im Laufe der Tage stellte ich fest, dass mein Bruder immer stiller und nachdenklicher wurde. Oft saß Hans-Georg auf dem Langholzstapel, gegenüber dem Garten, in Gedanken versunken. Zum Abschiedstag wurde Onkel Paul, aus Groß Borken, den Hans-Georg lange nicht gesehen hatte, eingeladen, und so wurde in der Kaffeerunde das Abschiednehmen „Allen" sehr erleichtert. Das Motorrad, eine NSU 200, von Bruder Hans-Georg hatten wir durch eine Sondergenehmigung auf den Betrieb zuge assen. Vor der Abfahrt hatte ich dieses startklar gemacht, da wir zum Knotenpunkt-Bahnhof nach Rotfließ fahren wollten, Strecke Memel, Posen, Berlin, weil vom Bahnhof Sorquitten die Abfahrt viel früher gewesen wäre.

Als der Abschied Wirklichkeit wurde, die Eltern und Onkel sich schweren Herzens verabschiedet hatten, kam mein Bruder zum Motorrad. Mein Bruder drehte sich um und ging ins Haus, um sich nochmals von Mutter, Vater und Onkel zu verabschieden. Ohne weitere Worte und sich umzuschauen, fuhren wir nach Rotfließ. Am Bahnhof drückte er mir lange schweigend die Hand und legte den anderen Arm auf meine Schulter und wünschte mir, mit Grüßen an Bruder Konrad, für unser Leben alles Gute.

Als der Zug einlief und Hans-Georg einsteigen musste, sagte er mir folgendes: „Gerhard, grüße nochmals die Eltern und alle sehr, da ich nicht mehr wiederkommen werde. Ich habe eine Ahnung in mir, aber bitte, versprich es mir, niemandem von diesen Worten etwas zu sagen." Mit Tränen in Hans-Georgs Augen wurden die Zugtüren geschlossen und mit einem Wink zurück fuhr der Zug ab.

Diese Bitte von Hans-Georg habe ich bis zu seinem Tod für mich behalten.

Die Fahrt ging nach Breslau, wo sich Hans-Georg melden musste. Dann ging es im Truppentransport weiter zu seiner Einheit im Kaukasus.

Am 6. Dezember 1942, abends um 22:00 Uhr, ich war bereits eingeschlafen, bin ich aufgestanden und zum Schlafzimmer meiner Eltern gegangen. Erst als Vater sagte, Gerhard was ist, wurde ich wach und sagte: „Hans-Georg ist etwas passiert". Hinterher bestätigte sich die Verwundung zu diesem Zeitpunkt. Hans-Georg hatte einen Knie- und Oberschenkeldurchschuss, sowie einen Bauchprellschuss. Im Lazarett in Krasnodar wurde er versorgt. Doch dann verseuchten Läuse unter dem Gips das Blut und Hans-Georg starb am 17. Januar 1943 in Krasnodar. Obwohl ein Verwandter Hans-Georg am 12. Januar dort gefunden hatte, war schon jede Hilfe zu spät.

# Konrad

## Die letzten beiden Treffen mit den Eltern

Im Oktober 1944 wurde ich zur 542. Volksgrenadierdivision zur Neuaufstellung nach Arys versetzt. Im November wurden wir an den Narew Brückenkopf verlegt. Am 24. Dezember 1944 abends wurde ich als VB abgelöst. Ich wurde für gut 14 Tage nach Fordon bei Bromberg zur Armee Reit- und Fahrschule geschickt.

Am 2. Weihnachtstag vormittags unterbrach ich die Fahrt in Allenstein und ging zur Familie Hebron (Schwester meiner Mutter). Dort erfuhr ich, dass sich meine Eltern am Nachmittag zum Besuch angemeldet hatten. Sie kamen auch. Ich saß auf dem Sofa und erwartete sie. Das Staunen und die Freude waren groß, aber auch sehr gedrückt, denn der nächste Angriff der Russen stand doch bevor. Gegen Abend verabschiedeten wir uns. Die Eltern fuhren nach Hause und ich nach Fordon. Der Lehrgang dauerte bis zum 16. oder 17. Januar. Ich erhielt drei Tage Sonderurlaub, um Wintersachen von zu Hause zu holen. Die Züge verkehrten schon alle unregelmäßig. In Bischofsburg war die Fahrt zu Ende. Ich ging dann zu Fuß 7 Kilometer bis nach Groß Borken zu Onkel Johannes. Dort war schon alles gepackt für die Flucht. Ein Franzose fuhr mich noch bis zu Lehmanns Feldscheune. Den Rest des Weges ging ich wieder zu Fuß. Es war Mitternacht. Zu Hause klopfte ich an das Fenster des Schlafzimmers der Eltern. Das Wiedersehen war sehr traurig. Seit Tagen war das Schießen aus allen Richtungen zu hören und die Flucht stand bevor. Vormittags gingen Vater und ich noch zum Rodland. Auch hier drehte sich das Gespräch nur um die Flucht. Es war zum Weinen. Geflüchtet durfte nur auf Befehl der NS-Leitung. Also alles vorbereiten und auf den Räumungsbefehl warten.

Mittags kam der Geschützdonner immer näher. Obwohl ich noch einen Tag Urlaub hatte, wollte ich nun zurück zur Front. Dann ging ich noch zu allen Menschen des Hofes und durch alle Ställe, um Abschied zu nehmen. Vater brachte mich nach Sorquitten zur Bahn. Nach zwei Stunden warten, kam endlich ein Zug. Wir verabschiedeten uns zum letzten Mal.

# Gerhard

### Der letzte Urlaub bei den Eltern im Köhlershof

Als Soldat war ich in Tapiau an der Deime und von der Einheit zur Bewachung der Deime-Brücke abkommandiert. So kam ich mit einem Zahlmeister ins Gespräch, er stammte aus Ortelsburg. Bedingt durch eine Verwundung fragte er mich: „Terner, Sie sind doch von Sensburg und können mit mir als Begleitung bis Bischofsburg mitfahren. Dann trennen wir uns und ich verschaffe Ihnen drei Tage Sonderurlaub zum Besuch der Eltern". So fuhr ich von Bischofsburg mit dem Zug weiter bis Sorquitten und kam gegen 23:30 Uhr dort an. Die 3 Kilometer nach Hause legte ich zu Fuß zurück. Da ich wusste, dass unser Hofhund Rolf bissig ist und zur Nachtzeit nicht an der Leine liegt, legte ich die letzten 200 Meter vor dem Hof vorsichtig zurück und rief immer wieder: „Rolf, ich bin es, wo

bist du, nun komm doch, ich spüre, du bist in der Nähe".
Plötzlich sprang er mich an, sodass ich bald umfiel und vor
Freude war er außer sich. Die Eltern hatten das vorherige
Bellen gehört und als es ruhiger wurde, stand Vater auf, da
sich zu dieser Zeit viele fremde Leute herumtrieben. Doch
dann klopfte ich am Schlafzimmerfenster und zur
Beunruhigung trat nun die Freude ein. Doch schon am
Morgen war die Stimmung und das Gespräch sehr getrübt, da
wir von fern den Geschützdonner der russischen
Winteroffensive wahrnahmen. Vater, der im 1. Weltkrieg in
Russland war, kannte die Kriegsfolgen und wir sprachen über
die Flucht und die Möglichkeit, Hab und Gut in Sicherheit zu
bringen. Mutter war die Verzweiflung anzusehen, zumal die
Flucht 1914 mit all den Folgen in den Vordergrund trat. So
haben wir bereits am selben Tag, 14. Januar 1945, die
Jagdgewehre und weiteres Porzellan usw. in Holzkisten
verpackt. Einen kleinen Teil von der Lebensarbeit.

*Ähnliche Holzkisten, die nach Otterberg geschickt wurden*

Am 15. Januar war Mutters Geburtstag. Es wurde gebacken und gekocht. Immer wieder erwähnte Mutter, das größte Geschenk an diesen Tag wäre, dass wenigstens einer der Söhne anwesend ist. Das Kriegsgrollen wurde für einige Stunden überhört. Zum Kaffee kamen das Lehrerpaar Szostak aus Sorquitten, Herr Reck von Gut Althöfen, wie immer kam der Junggeselle mit Blumen, die fast erfroren waren, und Onkel Johannes mit Tante aus Groß Borken. Der Ofen strahlte im großen Esszimmer behagliche Wärme aus. Mutter hatte festlich gedeckt. Doch bei der Kuchen-Kaffeetafel kamen in Anbetracht der Kriegsgeräusche nur Gespräche auf, wie was wird. Durch die aufkommende Angststimmung, brachen die Gäste schon rechtzeitig den Heimweg in der Kälte an. Danach kamen wir durch unsere weiteren Gespräche bis spät in die Nacht überein, die Kisten unter dem Brennholz im Holzschuppen zu vergraben, was wir in der Nacht noch taten. Lange blieben wir danach noch auf und sprachen über Bleiben oder Nichtbleiben. Doch Vater sagte: „Uns bleibt nichts als die Flucht". So ging Vater mit mir durch die Stallungen. Ich klopfte den Pferden zum Abschied auf die Schulter. Im Kuhstall ruhte das Vieh und bei der Kälte an diesen Tagen tat uns die Wärme im Stall gut. In den Schweinestall sind wir nicht hineingegangen. Wir hätten gestört.

Nach einem kurzen Schlaf verstärkte sich am Morgen der Kanonendonner und die Erde vibrierte. Das Frühstück am 16. Januar 1945 verlief in einem sehr gedrückten und sorgevollen Gespräch. Mutter zeigte mir noch voller Stolz das viele Eingemachte und meinte, es könnte doch den Menschen, auch den Russen, falls sie kommen, nur guttun. Nur wissen wir es aus den Tatsachen besser.

Die wenigen Stunden bis zur Abreise um 16:00 Uhr waren belastet mit Sorgen und nach einem schweren Abschied von Mutter, brachte mich Vater mit dem Einspänner zum Bahnhof nach Groß Borken. Immer wieder fragte Vater, was wir machen sollen und ich konnte nur antworten: „Vater du kennst alles vom 1. Weltkrieg und ich kann nur raten, die Flucht vorzubereiten."

Schweigend nahmen wir Abschied. Meine Zugreise ging nach Königsberg. Und so wurde dieser Sonderurlaub zum letzten Wiedersehen. Im Haus hatten wir Flüchtlinge aus der Gegend Treuburg und wir berieten auch mit diesen Menschen die zweite Flucht. Vater versuchte Mut zu machen und sagte diesen Menschen seine volle Unterstützung zu.

## Eine Schilderung über weitere Schicksalsjahre nach dem Sonderurlaub bei den Eltern und der Abreise am 16. Januar 1945

Der Zug fuhr vom Bahnhof Groß Borken um ca. 17:00 Uhr Richtung Königsberg. Es war schon eine merkwürdige Fahrt. Die Menschen waren hingerissen zwischen Aufgeregtheit, Durchhalteparolen und Fluchtgedanken, usw.

In Königsberg kam ich mit Verspätung um ca. 23:00 Uhr an und auf dem Bahnhof war bereits ein heilloses Durcheinander. Durch einen Zufall fuhr noch ein Zug Richtung Tapiau. In der Kaserne war Alarmstimmung. Wir wurden mit allem Kriegswichtigem versorgt und an der Deime eingesetzt. Da der Russe nach Tagen über Insterburg durchgestoßen war, wir Tapiau ohne schwere Waffen nicht halten konnten, wurde die Nacht des 28. Januar 1945, soweit ich mich erinnern kann, die Absetzung nach Königsberg befohlen. An der Hauptstraße Tapiau-Königsberg war der Russe bis auf zwei Kilometer herangekommen. Wir schafften noch, unter Beschuss, die Straße zu passieren und schlugen uns nach Königsberg durch. Dort fanden wir unsere Einheit wieder und wurden der Volks-Grenadier-Division 524 zugeteilt. Unsere Einheit wurde wieder mit Geschützen ausgerüstet, zum Teil mit Pferdebespannung, da die Zugmaschinen knapp waren.

Königsberg war überfüllt von Flüchtlingen, Soldaten und Verwundeten. Der Landweg nach Pillau-Samlad war von den Russen eingenommen. Sie griffen am 5. März 1945 unsere Einheiten von Königsberg und Pillau an, und wir kämpften den Landweg im Samland wieder frei. Dadurch konnten

 hunderttausende Zivilisten und Verwundete über die Ausschiffung von Pillau die Freiheit erlangen und sind der russischen Soldateska entgangen. Doch als wir zur Absicherung den Vorort Metgethen durchstreiften, haben wir schaurige Verbrechen, von den Russen an den Zivilisten begangen, vorgefunden. Tote und vergewaltigte Frauen, Mädchen und Kinder. Auf dem umzäunten Tennisplatz hat man die unschuldigen Menschen gejagt und mit Handgranaten in die Luft gesprengt. Ein zweites Nemmersdorf.

Dann kam am 4. April 1945 der nächste Großangriff der Russe, und am 6. April 1945 war Königsberg eingeschlossen. Da wir hinter Metgethen, Richtung Pillau, unsere Stellung hatten, drängte uns der Russe laufend zurück.

Zur Bergung verwundeter Kameraden wurden Freiwillige gesucht, um diese aus vorderster Linie herauszuholen. Für diesen Einsatz erhielt ich am 10. April 1945 das EK II (Eiserne Kreuz).

Ein Denunziant hat einige Kameraden und mich in der Gefangenschaft angeschwärzt, vielleicht für eine Scheibe Brot, angeblich hätten wir gefangene Russen erschossen. Das hat mir 14 Tage bösen Karzer eingebracht. Und weil wir standhaft blieben, dieses nicht getan zu haben, wurde ich nach Schlägen und Einschüchterungen danach vom NKWD ins Lager zurück entlassen. Den Denunzianten haben wir im Lager nie wiedergesehen. Der Russe liebt den Verrat, aber verachtet den Verräter, im Lager oft erlebt.

Es muss der 20. April 1945 gewesen sein. Wir hatten kurz vor der Halbinsel Peyse die Geschütze gesprengt und wurden in der Nacht mit allen zur Verfügung stehenden schwimmenden Booten, Schiffen, usw. zur Nehrung übergesetzt. In Kämpfe verwickelt wurden wir vor Kahlberg. Von der Ostsee gab es schweren Beschuss durch russische Kriegsschiffe, und von der Haffseite griffen uns verräterische Seidlitz-Truppen, deutsche Kriegsgefangene in deutschen Uniformen (sehr verwerflich), an, sodass wir weichen mussten. Leider ließen sehr viele Zivilisten ihr Leben, die Nehrung war voll von Toten. Um den 1. Mai 1945 kam die Resteinheit auf einen Wasserstützpunkt bei Tiegenhof. Die Dämme waren gesprengt und so die Danziger Niederung unter Wasser.

Am 9. Mai 1945 holte uns der Russe mit Schlauchbooten ab. Sammelstelle war Tiegenhof. Von dort marschierten wir in fünf Reihen, die Offiziere mit Waffen und Orden, ordnungsgemäß über Elbing. Die Russen hatten die unversehrten Lagerschuppen und Häuser angesteckt, es brannte lichterloh, weiter Richtung Frauenburg nach

Braunsberg. Unterwegs berichteten uns Frauen von ihrem furchtbaren Schicksal der Vergewaltigungen, schlechter Behandlung und Hunger.

Bereits in Tiegenhof war das Schlagwort der Russen-URI-URI (Uhr). Bei einigen Iwans (Russen) hingen ca. 50 - 100 am Gürtel oder an den beiden Armen, von den Händen bis zu den Oberarmen. Die große Filzerei kam n Braunsberg. Es blieb nichts verschont.

In der Kaserne in Braunsberg waren wir ca. 40.000 Soldaten als Kriegsgefangene. Ende Mai ging unser Gefangenentransport über Insterburg Richtung Osten ins Ungewisse. Nach ca. dreieinhalb Wochen erreichten wir, abgesehen von der dürftigen Behandlung und den Strapazen, die Endstation Magnitogorsk-Sibirien. Eine Stadt mit 500.000 Einwohnern. Dort arbeitete ich bis zu meiner Entlassung Ende August 1949 bei einem Eisenbahn-Transport-Kommando. Da es in der Stadt nur wenige gut befahrene Straßen gab, wurde zu jeder Baustelle oder Kombinat ein Gleisanschluss gelegt. Wir mussten alles, was zum Bauen gebraucht wurde und lebenswichtige Güter entladen: Zement, Ziegelsteine, Sand, Kies, Baumstämme, Kohle, Getreide, Kartoffeln, usw. Die Arbeit war sehr schwer, 12 Stunden Schicht im Wechsel, mit einer Wassersuppe nachts um 24:00 Uhr. Unser Meister, ein Kulake, ein von Stalin verbannter Bauer, hat uns, falls möglich, etwas zusätzlich besorgt. Der erste Frost war um den 10. September, ca. 20 Grad Celsius Minustemperatur. Die kälteste Nacht lag bei -52 Grad Celsius, normal um die -30 bis -40 Grad Celsius.

Die erste Weihnacht in der Gefangenschaft. Ich hatte unter den sibirischen Verhältnissen zu leiden. Ich hatte Hunger und war wehmütig durch Gedanken an die Heimat. Nach einer Zwölf-Stunden-Schicht kamen wir am 24. Dezember 1945 um ca. 20:30 Uhr von der Ziegelei ins Lager. Dann der Zählappell bei eisiger Kälte, und anschließend war die klägliche Essensausgabe. Wie von einer höheren Gewalt geweckt, gingen wir um Mitternacht zum Zählplatz. Die russische Wachmannschaft schaltete die Scheinwerfer an den Wachtürmen ein und gab Alarm. Es entstand eine gefährliche Lage. Dann wurden der deutsche Lagerarzt und der Kommandant geholt. Diese erklärten den Russen, die Wojna Plenis (Kriegsgefangene) wollen nur auf ihre Weise an Weihnachten denken. Die Russen zogen mit den Maschinengewehren ab. Da wir im Lager Geistliche hatten, wurden einige Wort gesprochen, und alle beteten das „Vater unser". Aus den rauen Kehlen der Wojna Plenis wurden Weihnachtslieder gesungen. Keiner spürte die Kälte in der „Heiligen Nacht". Nachdenklich und in Gedanken versunken, jeder für sich, gingen wir in die Baracken zurück. Mit Arbeit und Kohldampfschieben verbrachten wir Weihnachten 1945. Eine organisierte Kartoffel oder ein Stückchen Brot war ein Geschenk des Himmels. Die um das Lager herum wohnenden Russen sprachen noch lange über den nächtlichen Weihnachtsgesang der Kriegsgefangenen. Die Russen feiern Weihnachten am 7. Januar. Mit Willenskraft kann der Mensch viel aushalten und durchstehen. Es ist für mich, im Nachhinein, eine Rosskur gewesen.

Mitte April begann das Tauwetter. In wenigen Tagen war alles grün. Das Hungerjahr war von 1946-1947. Für 1200 Plenis gab es 20 Zentner gefrorene Kartoffeln. Ende 1947 kam die Währung und es wurde besser. Wir hatten genügend Brot. Mein Leidenskumpel hat im Frühjahr 1947 aus Hunger

„Melde" gerupft, abgekocht und in großen Mengen ohne Fettzusatz gegessen. Ich durfte von den wenigen Rubeln, die wir hatten, noch vom Basar (Markt) Milch holen. Leider hat alles nicht mehr geholfen. Er starb acht Tage nach dem Verzehr. Melde enthält Zyankali und führt bei vielen geschwächten Körpern zum Tode. Meine mitgebrachte Menge Milch hat der Magen nicht angenommen, sodass ich mich sehr erbrechen musste und dadurch vom Tode verschont blieb. Viele Kameraden hatte es erwischt. Von 1200 Plenis arbeiteten ca. 400. Das Überleben, Frühjahr 1947, haben wir der russischen Distrikt-Generalärztin zu verdanken. Sie hatte in Königsberg den Doktortitel erworben und war im Obersten-Sowjet mit Macht ausgestattet. Sie veranlasste, dass die wenigen Lebensmittel auch in die Küche kamen. Der Verwalter, ein Jude namens Rothstein, und der Lagerkommandant wurden verhaftet und zu 15 Jahren verurteilt. Sie marschierten vom russischen Lager täglich an unserem vorbei zum Steinbruch.

Ab 1948 durften wir wieder unsere Haare wachsen lassen. Die Post kam an und so hofften wir auf die Heimkehr, jedoch sollte es noch gut eineinhalb Jahre dauern. Ende August war die Abfahrt mit offenen Waggontüren. Jedoch noch in der Nacht, Punkt 24:00 Uhr, hat man 60 Kameraden aus dem Lager geholt, obwohl Stunden vorher ein General uns allen die Heimfahrt versprochen hatte. Diese Kriegsgefangenen sind erst 1955 heimgekehrt. Es war wohl Fügung Gottes und meinem Willen zu verdanken, mich von den Russen nicht unterkriegen zu lassen.

# Konrad

## Schilderungen von Mutter über die Flucht ab dem 27. Januar 1945

Obwohl der Geschützdonner seit 14 Tagen näherkam, durften wir nicht flüchten. Die NS-Leitung gab dafür die Erlaubnis. Alles war zum Trecken vorbereitet. Die Wagen waren mit persönlichen und für die Flucht notwendigen Dinge beladen. Bei uns waren seit Oktober 1944 Flüchtlinge aus dem Kreis Treuburg, die nun zum zweiten Mal mit uns flüchten mussten.

Am 27. Januar 1945 erhielten wir den Räumungsbefehl. Wir zogen mit den Familien, die bei uns arbeiteten, los. Insgesamt waren es mehrere Wagen mit 17 Pferden. Dazu kamen die Treuburger Flüchtlinge und Onkel Johannes mit Tante Frieda und den Söhnen Hans und Arnold aus Groß Borken. Wir durften nicht mehr in die Richtung Bischofsburg fahren, da der Russe dort bedenklich nahe war. So fuhren wir über Gehland, Pustnik, Warpuhnen. Auch dort war die russische Front schon sehr dicht an unserem Fluchtweg. Wir kamen noch so gerade durch. Am 28. Januar 1945 fiel Sensburg.

Wir fuhren nun weiter in Richtung Heilsberg. Öfters schon zwischen den Fronten. Am Haff mussten wir einige Tage warten. Es hatte Tauwetter gegeben und das Eis war zu dünn und auch zum Teil gerissen. Pioniere legten Stahlplatten über die Risse. Auf dem Eis stand Wasser. Russische Flieger beschossen die Trecks seit dem ersten Fluchttag, hier aber besonders stark, da alles voller Flüchtlingswagen stand.

Als wir dann die Erlaubnis bekamen, über das Eis zu fahren, war es Nacht. Vater ging von Wagen zu Wagen und beruhigte die Pferde, die sehr aufgeregt waren. Die Wagen durften nicht lange auf einer Stelle stehen, da das Eis unter den Rädern schmolz und zerbrach, und die Wagen versanken. So ging es drei Wagen aus dem Raum Rastenburg. Sie gingen mit Menschen und Pferden unter. Eisschollen schoben sich über die Unglücksstelle. Das Haff lag voll von den von Fliegern erschossenen Menschen, Tieren und Wagen. Wir erreichten unversehrt die Nehrung. Auf dieser zogen wir über Stutthof zur Weichselfähre Schiewenhorst-Nickelswalde. In Stutthof plünderten uns KZ-Häftlinge. An der Fähre gab es einige Tage Aufenthalt bis wir übergesetzt wurden. Hier staute sich der Flüchtlingsstrom. Langsam wurden die Pferde von den Strapazen schwach und müde. Einige Stuten fohlten und mussten zurückgelassen werden. So wurde die Bespannung immer schlechter und die Flucht immer langsamer.

Über Lauenburg ging es nun weiter in Richtung Stolp in Pommern. Bisher waren wir mit unseren Wagen und denen von Onkel Johannes zusammen. Leider hatten wir uns ganz kurz vor dem Ort Scharnhorst im Kreis Stolp verfahren und uns getrennt.

In Scharnhorst war die Flucht zu Ende, denn russische Truppen erreichten uns. Wir hatten dort nur noch neun Pferde als Anspann. Die Plünderung der Menschen und Wagen begann. Am 15. März mussten sich alle Männer melden. Der Marsch in die Gefangenschaft oder Verschleppung begann. Der Abschied war herzzerreißend und wollte nicht enden. Dann kamen Soldaten und wir wurden mit Gewehrkolben geschlagen, damit der Abmarsch begann. „Im Himmel sehen wir uns wieder", waren die letzten Worte, die Vater unserer Mutter zurief.

Die geplünderten Wagen lagen neben den Straßen. Mutter ging dorthin und fand, verstreut im Graben, Teile unseres Silberbestecks. Was sie finden konnte, sammelte sie auf. Vor Mutter ging eine Frau mit mehreren kleinen Kindern von Scharnhorst in Pommern auf den Weg nach Berlin. Mutter packte mehrere kleine Päckchen mit Silber. Jedes Kind bekam nun zusätzlich in den Rucksack oder Tornister je eines. Die Mutter der Kinder wurde gebeten, diese bei Frau (Name unbekannt), einer Schwester von Fräulein Günter, abzugeben. Fräulein Günter war viele Jahre Hausdame bei Lehmanns in Köhlersgut und bereits verstorben. Lebte die Schwester noch? Stimmte die Anschrift noch? Denn Berlin lag in Schutt und Asche. Kam die Mutter der Kinder überhaupt in Berlin an? Konnte und wollte sie das Silber abgeben? Keiner konnte sie an der Nichtauslieferung hindern, denn für Mutter war es doch eine recht unbekannte Frau. Nach einigen Jahren kamen nach Abständen aus Berlin 50-Gramm-Päckchen (nur solche durften damals verschickt werden) nach Hamburg zu Tante Anna. Alles mitgegebene Silber war wieder da. Ein kleines Märchen oder Wunder damaliger Zeit.

Mutter half in einer russischen Küche. Ein russischer Soldat hatte bei ihr Schnaps versteckt. Eines Tages erschoss dieser im betrunkenen Zustand einen anderen Soldaten, weil er vermutete, dass dieser bei Mutter Schnaps gestohlen hätte. Nun bekam Mutter Angst und flüchtete in Richtung Hamburg zu ihrer Schwester Anna Hebron. Im Oktober 1945 traf sie dort ein, nachdem sie bei Ludwigslust schwarz über die Grenze zur BRD gehen musste. In Kölln-Reisiek, bei Pinneberg, bekam sie ein Zimmer zugewiesen. Es war die gute Stube, ohne Kleiderschrank und nicht heizbar. Mutter kam schon krank an. Sie litt an Unterernährung und hatte Tuberkulose.

Bei einem Krankenhausaufenthalt erzählte sie von ihrer Unterkunft in der kalten Stube. Daraufhin schrieb der Arzt an die Gemeinde, dass eine Entlassung unter diesen Umständen nicht stattfinden könne. Mutter erhielt dann ein ganz kleines, 7-8 qm großes, aber heizbares Zimmer bei einem Tischlermeister, der Mutter noch einen Wandklapptisch anbrachte. Wenn er nicht gebraucht wurde, zog man ihn hoch. Brennholz, von mir besorgt, lagerte noch in der ersten Unterkunft und konnte nun Verwendung finden.

Mutter war oft in Hamburg bei Tante Anna, im Krankenhaus oder in Kölln-Reisiek. Zu Essen gab es in dieser Zeit nicht viel; es wurde auch gehungert.

Am Hochzeitstag der Eltern, am 9. Februar 1946, kam die erste Nachricht von Bruder Gerhard aus Magnitogorsk, gleich hinter dem Ural. Die Freude war groß, doch bis zur Entlassung mussten wir bis September 1949 warten.

Im Januar 1949 erhielt ich die Försterstelle in Istrup, ab dem 1. Oktober 1949 planmäßig. Im Mai 1949 heiratete ich Beate Reinecke aus Horn/Lippe. Mutter kam im Sommer zu den Schwiegereltern dorthin und im Oktober zu uns nach Istrup. Die Tuberkulosekrankheit machte ihr sehr zu schaffen und erforderte von Beate, wir hatten bereits den Sohn Hans-Georg, eine sehr aufmerksame Pflege.

Am 17. Juni 1952, am Geburtstag von Tante Anna, ihrer Schwester, verstarb Mutter im Krankenhaus in Steinheim nach langem Krankenlager.

Eine große Freude aber erlebte Mutter noch im September 1949, als Gerhard, auf den sie sehr gewartet hatte, aus Kriegsgefangenschaft kam. Auch Gerhard fand in Istrup sein erstes Zuhause. In Scharnhorst erreichte Mutter die erste und auch letzte Nachricht von Vater. Ein auch verschleppter Mann wurde wegen hohen Alters aus Graudenz an der Weichsel entlassen. Er kam zurück ohne Schuhe an den Füßen, denn die hatte er Vater gegeben, weil die Russen ihm die Stiefel oder Schuhe weggenommen hatten (März 1945). Bei meinem ersten Besuch 1983 zu Hause, habe ich erfahren, dass Vater bei Bischofstein, etwa 35 Kilometer von Köhlershof, von den Russen erschossen wurde. Dort soll angeblich eine große Exekution stattgefunden haben. Diese Nachricht erhielt ich von Mutters angeheirateter Cousine Kretschmann in Almoyen. Die Familie Kretschmann war noch auf ihrem Hof, jedoch ist der Mann der Cousine 1945 nach Murmansk verschleppt worden und dort verstorben. Ein Bruder des dort Verstorbenen, auch nach Murmansk, kehrte Jahre später zurück.

## Anmerkung

Grund zum Erschießen waren bereits der Besitz von über 20 ha Land. Man war dann Kulak (=Großbauer).

# Johannes

Mein Hof lag ungefähr ein Kilometer außerhalb (westlich) des Dorfes Groß Borken. Als ich gegen Ende des 2. Weltkrieges eines Tages ins Dorf ging, hatte bereits der größte Teil der Einwohner den Ort verlassen. Auf Befehl sollten sich angeblich alle Einwohner ca. 15-20 Kilometer östlich von Groß Borken einfinden, da hier eine Front gebildet werden sollte. Die russische (sowjetische) Armee hatte bereits Ortelsburg (meine Kreisstadt) eingenommen. Am gleichen Tag aber rief der Lehrer des Ortes alle Bürger an, dass sich alle Männer in der Schule einzufinden haben. Fünf Bauern waren dann noch gekommen. Der Bezirksleiter befahl dann, dass sich alle Männer beim Volkssturm zu melden haben. Er selbst sei nach Berlin abkommandiert worden. Nach dessen Weggang beschlossen wir dann aber, den bereits geflüchteten Personen zu folgen, da ja auch wir unsere Familien nicht alleine lassen konnten. Ich selbst blieb noch zwei Tage im Ort, da ich mit meinem Bruder Georg, der einige Kilometer entfernt eine größere Wirtschaft (Gut Köhlershof) besaß, beschlossen hatte, zusammen zu trecken. Nach zwei Tagen kam dann eine Militärkolonne und sagte mir, dass die Straßen vermint werden und ich daher der Ort verlassen muss. Die Fuhrwerke waren schon mit den notwendigen Lebensmitteln, Kleidungsstücken und Futter für die Pferde beladen, so dass ich mit meiner Frau Frieda Antonie und den zwei Kindern Hans und Arnold (vier und zwei Jahre alt) mein Anwesen verließ. Zuvor habe ich noch das gesamte Vieh freigelassen und die Stallungen und die Scheune geöffnet. Als wir dann bei meinem Bruder Georg (geb. am 3. Juli 1889) eintrafen, sagte mir dieser, er habe noch keinen Räumungsbefehl erhalten, und so blieben wir noch zwei weitere Tage in Köhlershof. Als Kutscher hatte ich noch zwei polnische Burschen und ein Russenmädchen mitgenommen.

Am Abend des zweiten Tages kam dann eine Offizierspatrouille vorbei und riet uns ernsthaft, sofort zu trecken, da schon acht Kilometer westlich, in Mensgut, die Russen seien. Die Ostfront aber stehe noch. Und so fing dann unser Leidensweg an.

Bei -23 Grad Celius Kälte stiegen wir am 10. Januar 1945 in die Fuhrwerke um erstmals bei Verwandten, dem Stammhaus meiner Familie, das diese seit ca. 300 Jahren in Besitz hatte, zu landen. Das Dorf hatte den Namen „Groß Köllen", das Flüsschen hieß „Rhein". Dies war eine Siedlung aus alten Zeiten, von Rheinländern gegründet. Die Sprache hatte immer noch einen rheinländischen Akzent. Dort angekommen, fanden wir meinen Vetter nicht mehr zu Hause vor. Am späten Abend erhielten wir dann die Nachricht, dass einige Kilometer östlich die Stadt Rössel brennt und von den Sowjets eingenommen worden ist. Wir fuhren dann am nächsten Morgen ganz früh weiter und jetzt gab es auch kein Halten mehr. Wir waren in einen Kessel geraten, aus dem wir uns nur noch bei Korschen retten konnten. So kamen wir in den großen Treck, der sich aus zwei Wagenreihen dahinzog. Die Straßen waren glatt wie eine Eisbahn, und trotzdem gab es für uns in den nächsten 24 Stunden keinen Aufenthalt mehr. In der darauffolgenden Nacht wurden wir zum ersten Mal von den Russen beschossen.

Am nächsten Tag in der Frühe um ca. 5 Uhr waren wir doch noch aus dem Kessel entronnen. Nach einer kurzen Rast fuhren wir weiter in Richtung Bartenstein. Wir waren bereits unterrichtet worden, dass die Sowjets schon das Haff bei Elbing erreicht hatten und ein Entkommen nur über das zugefrorene Haff möglich war. Die Wagenkolonnen wurden immer größer und so standen wir bald stundenlang an Kreuzungen, um uns in die nächste Wagenkolonne einzuschleusen. Endlich erreichten wir Bartenstein. Die Stadt war dermaßen überfüllt, dass ein Durchkommen unmöglich war und wir einen halben Tag lang nicht weiterfahren konnten. Plötzlich beschossen die Russen die Stadt mit Granaten und Schrapnell. Irgendwer ließ uns wissen, dass Bartenstein quer durch Gärten und über Zäune umfahren werden könne, und tatsächlich kamen wir so auf die Straße in Richtung Heiligenbeil. Nach zwei Kilometern war erneut Halt geboten. Der Weg war inzwischen total verstopft, und alles stand still. Wir hörten schon das „Hurree"-Rufen der Russen, die die Stadt Bartenstein einnahmen. Wir standen in den unendlich langen Wagenkolonnen. Die sowjetische Armee beschoss weiterhin die Straßen mit Granatfeuer, und die traurige Bilanz waren die vielen, vielen Toten. Nach einer kleinen Ewigkeit hörten wir endlich das Wagengerassel, der Treck kam ins Rollen, und im Trab ging es weiter. Bei Stablack wurde der Treck erneut von Flugzeugen beschossen. Die vielen Toten, Verwundeten und aufgescheuchten Pferde boten ein grausiges Bild. Und immer weiter zog der Treck gegen Heiligenbeil.

Wir übernachteten meistens im Freien. Ebenso kochten wir im Freien. Die Gehöfte waren größtenteils vom Militär überlegt oder sie waren von den Besitzern noch nicht verlassen worden, und so barg meine Frau die Kinder an ihrem Körper.

Vor dem Haff staute sich eine unübersehbare Wagenmenge. Die Auffahrt zum Haff war total zerfahren; es mussten erst Brücken gebaut werden. Einen ganzen Tag lang warteten wir im tiefsten Schlamm darauf, dass wir endlich auf das Eis des Haffs rauffahren konnten. Nach ungefähr drei Stunden Fahrt auf dem Eise sahen wir, dass die Russen kurz vor der Nehrung das Eis durch Bomben zerstörten, um so die Weiterfahrt zu verhindern. Drei Nächte und zwei Tage lang blieben wir auf dem Eis. Große Wagenkolonnen, die sich am Abend gesammelt hatten, waren am Morgen des nächsten Tages versackt. Das Eis war durch das Gewicht der vielen Wagen mürbe geworden. Durch das ständige Beschießen der Eisfläche war eine Fahrt in der Nacht viel zu gefährlich. Mein Bruder und ich ließen die Wagen in langen Reihen aufstellen und einer von uns hielt immer Nachtwache. Nach ca. zwei bis drei Stunden standen die Wagen bereits einige Zentimeter im Wasser und wurden dann ein Stückchen vorgezogen. Alle anderen konnten einigermaßen weiterschlafen.

Bei Stutthof (Zivilgefangenenlager) gingen wir an Land, und fuhren dann in Richtung Danzig. Vor der Weichsel mussten wir jedoch wieder einen ganzen Tag darauf warten, bis wir an die Reihe kamen, um auf einer Fähre auf die andere Flussseite übergesetzt zu werden. Danach ging es etwas lebhafter vorwärts. Sehr viele Wagen waren von der sowjetischen Armee überrannt beziehungsweise zerstört worden. Viele dieser Leute kehrten dann ohne Wagen und ohne Pferde in ihre Heimat zurück.

Wir selbst fuhren immer weiter und kamen über Danzig, Gdingen und Neustadt ins Pommernland bis Stojentin. Hier erhielten wir zum ersten Mal ein Quartier und vor allem Verpflegung. Hier hörten wir über das Radio, dass die sowjetische Armee bereits bis nach Swinemünde an der Ostsee vorgedrungen war. Und dann kam auch noch der Befehl, alle sollen umkehren und in Richtung Danzig zurückfahren. Nach einer halben Tagesreise standen wir in verstopften Straßen vor Lauenburg. Das Städtchen wurde stark von den Russen beschossen. Es gelang uns jedoch, noch durchzukommen.

Am Abend landeten wir bei einem kleinen Siedler, der uns noch zwei Liter Milch für die Kinder abgab. Er selbst wollte die weitere Milch noch abliefern, war aber nicht mehr zurückgekehrt.

Wir fuhren immer weiter, aber wohin? Mein Bruder und ich wussten, dass die Russen uns hart folgten. Den Frauen wurde aber nichts gesagt. Nach weiteren fünf Kilometern bei Lanz waren die Straßen wiederum gänzlich verstopft. Wir hörten plötzlich starkes Maschinengewehrgeknatter und ein Panzer kam in Richtung unserer Wagen. Wir konnten gerade noch aussteigen, da fuhr der Panzer über einen Wagen. Die Russen nahmen die Pferde mit. An eine Weiterfahrt war jetzt nicht mehr zu denken. Den ausländischen Arbeitern wurde unter Androhung der Todesstrafe verboten, bei den ehemaligen deutschen Arbeitgebern zu bleiben. Sieben Ukrainer, die bei meinem Bruder als Kutscher tätig waren, flüchteten sofort mit den ihnen anvertrauten und beladenen Fuhrwerken. Der bei mir beschäftigte Pole wollte wohl auch einen meiner Wagen mitnehmen, was jedoch das russische Mädchen verhinderte. Das Mädchen blieb noch eine Nacht bei uns und sagte immer, wenn ein Russe nach Ringen und Uhren suchte, dass bereits alles abgegeben sei. Das russische Mädel hatte vor ihren eigenen Leuten dieselbe Angst wie wir. Unter Tränen verabschiedete sie sich von den Kindern. Sie gab meiner Frau noch ein paar alte Stiefel und einen zerrissenen Mantel und meinte, dass sie diese Sachen noch gut gebrauchen wird. Und wie Recht sie hatte, denn erst jetzt fing das eigentliche große Leiden für uns an. Insbesondere hatten die Frauen zu leiden, denn sie waren keine Minute in Sicherheit.

Am darauffolgenden Tag fuhr erst mein Bruder Georg mit seiner Familie weiter. Wir wollten uns irgendwie wieder treffen. Jeder hatte jetzt nur noch einen Wagen. Am Nachmittag zogen auch wir in Richtung Lauenburg weiter. Doch hier hatte man schon meinen Bruder in Gefangenschaft genommen, von der er nicht mehr zurückgekehrt ist. Die Schwägerin Maria haben wir auch nicht mehr aufgefunden. Wir zogen jetzt durch die Straßen von Lauenburg und wussten nicht wohin. Das Geschäftsviertel war von den Russen angezündet worden und brannte. Wir kamen in eine unendlich lange Wagenkolonne und fuhren in Richtung Heimat weiter. Alle paar Kilometer standen Russen und Polen und fragten uns, ob wir Russen oder Polen seien. Männer und junge Mädchen wurden aussortiert und mitgenommen, die Pferde wurden ausgespannt und die Wagen in den Straßengräben umgekippt, wo sie dann oft verbrannt wurden. Solche Bilder sahen wir auf einer Wegstrecke von 20 Kilometern. Ich hatte mit meiner Familie sehr viel Glück. Auf die steten Fragen, wer ich sei, antwortete ich immer „Masure" und so durfte ich weiterfahren, da man nicht wusste was Masure ist. Kurz vor der kleinen Ortschaft „Kose" in Hinterpommern wurden wir von den Russen geplündert. Sie suchten nach etwas Besonderem. Mein von mir immer noch mitgeführtes Jagdgewehr war ihnen dabei sehr willkommen, ebenso die Schuhe. Die vorbeiziehenden Polen nahmen dann die Kleider und die Wäsche mit. Das Geld wurde weggeschmissen und vom Wind fortgeweht. Als wir den Ort „Kose" endlich erreichten, waren wir von unserem restlichen Hab und Gut bereits erleichtert worden. Die Einwohner des Ortes waren einige Tage zuvor geflüchtet. Wir quartierten uns daher in einem ärmlichen Häuschen ein.

Auf der Fahrt von Lauenburg bis nach Kose haben wir auf fast allen alleinstehenden Gehöften erschossene Zivilisten, insbesondere junge Männer, gesehen.

Die ersten zwei Tage war es in Kose verhältnismäßig ruhig. Allmählich kam aber auch ein Teil der Geflüchteten zurück. Der Russe übernahm die großen landwirtschaftlichen Güter in Pommern. Von nun an waren in den Augen der Russen insbesondere die Frauen Freiwild. Täglich, besonders aber in den Nächten, kamen die Russen und suchten nach Frauen. Die jungen Frauen versteckten sich daher irgendwo im Walde. In dem Häuschen, in dem wir wohnten, lebten jetzt zehn Frauen und drei Männer. In einem Zimmer schliefen die Frauen, in einem anderen Zimmer wohnten meine Familie und die Männer.

Fast jede Nacht kamen Russen und klopften an die Tür. Jetzt galt es schnell meine Frau zu verstecken (unter drei Stühlen, auf die wir unsere Kleider abgelegt hatten). Ich öffnete die Tür und stand vor einer Pistole. Es kamen immer zwei bis drei Männer herein, und in den nächsten Augenblicken spielten sich die hässlichsten Szenen ab. Von zwölfjährigen Mädchen bis zu 70 Jahren alten Frauen war niemand sicher. Die Frauen waren dann völlig rechtlos (Freiwild). Oft wurden sie auch nach draußen gezerrt, wo sich im Wagen bei -15 Grad Celsius Kälte die gleichen Szenen abspielten, so zum Beispiel flüchtete eine junge Tochter eines einheimischen Landwirts zur eigenen Mutter, um dort Schutz zu suchen. Das Mädel wurde sofort in den Armen der Mutter erschossen.

Ein jeder, der noch irgendwie arbeiten konnte, musste jetzt auf das landwirtschaftliche Gut zur Arbeit. Jeder Arbeiter bekam ein Pfund Roggen- oder Maismehl als Arbeitslohn. Ich selbst konnte mitunter auf den Gutsspeicher gehen, wo noch Peluschken und Süßlupinen lagen. Ich füllte oft meine Taschen, und so hatten wir unser Essen.

In einem Getreideschober entdeckten die Russen einmal drei deutsche Soldaten, die sich dort versteckt hatten. Man sperrte sie in die große Räucherkammer des Gutshauses und ermordete sie. Zwei andere deutsche Soldaten und einen Franzosen beobachtete man in einer großen Feldscheune. Die Scheune wurde kurzentschlossen angesteckt und alle Personen verbrannten.

Die Männer mussten jetzt täglich unter Bewachung auf die Gehöfte fahren, alles lebende Vieh zusammentreiben und Futter suchen. In den umliegenden Ortschaften gab es bald kein lebendes Vieh mehr, weder Huhn noch Pferd noch Kuh.

Über ein anderes Erlebnis möchte ich aber auch noch berichten. Es ging das Gerücht um, dass in der Stadt Stolp Ausweise ausgegeben werden, die zur Rückkehr in die Heimat berechtigen. Da mein Nachbar, der sich uns angeschlossen hatte, etwas polnisch konnte, beschlossen wir, die 40 Kilometer nach Stolp zu gehen, um einen solchen Ausweis zu bekommen. Dies ereignete sich ungefähr im Juni 1945. Wir durchquerten einen Wald von ca. 8 Kilometern Länge. Die Fuhrwerke lagen hier noch buchstäblich einer hinter dem anderen. Alle waren umgekippt und ausgebrannt. Als ich darunter einen guten Schuh liegen sah, fasste ich diesen an und musste feststellen, dass darunter noch eine Frauenleiche lag. Wir gingen weiter bis ins Dorf Gerskowitz, in dem wir folgendes erlebten: In der Frühe waren Frauen und alte Männer mit selbstgebastelten Handwägen durch den Ort gezogen, um in ihre alte Heimat zurückzugehen. Der dortige russische Kommandant sah dies und rief diese Personen an. Die Frauen bekamen Angst und liefen davon, worauf der Russe aus seiner Maschinenpistole schoss und als trauriges Ergebnis gab es 13 Tote.

Das Gerücht von einer Ausreisegenehmigung erwies sich als falsch. In die Orte nach Pommern kamen allmählich auch mehr und mehr Polen. Sie machten sich sesshaft, indem sie die deutschen Bauern von ihren Höfen wegjagten. Diese durften kaum etwas mitnehmen.

(Bemerkung von Arnold: Die Siegermächte hatten beschlossen, den Deutschen die Ostgebiete Ostpreußen, Pommern und Schlesien wegzunehmen (zu enteignen), gleichzeitig wurde das polnische Galizien an die Sowjetunion eingegliedert und die Polen aus Galizien in die deutschen Ostgebiete umgesiedelt beziehungsweise verjagt.)

So ungefähr im Juli 1945 fing dann die Vertreibung der Deutschen aus den Ostgebieten an. Meist abends bekam ich den Befehl, den Leuten die Ausreisebefehle zu überbringen. Diese sollten sich gegen vier Uhr morgens mit Handgepäck auf einem bestimmten Platz am Gutshof einfinden. Dort würde man ihnen die Ausreisepapiere übergeben. Das Gepäck wurde auf einen Wagen verladen. Die Leute gingen die 15 Kilometer bis zum Bahnhof zu Fuß. Oft wurden die Leute auch noch von den polnischen Kutschern beklaut.

Die Leute, die auf den Gütern Arbeit hatten, wurden nicht ausgewiesen, sie mussten weiterarbeiten. Ende Juli 1945 übernahmen die Polen die Verwaltung der Güter und der Leute. Die meist älteren und arbeitsunfähigen oder kranken Leute wurden ausgewiesen.

Noch 1955 versuchte man mich, von der geheimen Staatspolizei zu zwingen, als Spitzel zu arbeiten. Drei Jahre lang sollte ich Berichte über einen anderen Deutschen schreiben und das alle 14 Tage. Der Druck war unerträglich und ich hatte keine Nerven mehr. Aber nicht nur Deutsche, auch Polen wurden für Spitzelaufgaben gezwungen und so traute einer dem anderen nicht mehr.

Meine Ausreiseerlaubnis wurde mir erst 1958 genehmigt, nachdem die besagte deutsche Familie, die ich beobachten sollte, ihre Ausreisepapiere erhielt. Meine Anträge zur Ausreise in die Bundesrepublik Deutschland wurden von mir fünfmal in Stolp gestellt.

Erst am 31. März 1958 trafen meine Familie und ich im Übergangslager Friedland mit der Bahn in der Bundesrepublik Deutschland ein. Wir durften beziehungsweise konnten endlich wieder deutsch reden. Es dauerte jedoch einige Zeit, um uns wieder einzuleben, denn in den verflossenen 13 Jahren hatte sich hier vieles geändert. In Hinterpommern, unter polnischer Verwaltung, mussten wir unter gänzlich unverständlichen Bedingungen leben.

Nachdem ich mit meiner Familie in der Bundesrepublik Deutschland vorübergehend in verschiedenen Orten in der Pfalz gewohnt habe (Gangloff und Otterbach), wurde schließlich ab dem 1. Mai 1961 die Stadt Otterberg unser fester Wohnsitz. Wir haben endlich wieder eine neue Heimat gefunden, aber leider auch die alte Heimat in Ostpreußen für immer verloren.

PS: Ein Onkel von mir, 75 Jahre alt, wurde während des 2. Weltkrieges getötet, ebenso acht Vetter (zivil). Ein Bruder von mir wurde auf der Flucht verschleppt und ist nicht mehr wiedergekehrt. Von meiner Frau wurden zwei Brüder und eine Tante getötet.

# *Konrad*

Onkel Johannes mit seiner Familie und Tante Rosa waren nur wenige Kilometer von Scharnhorst entfernt, als die Russen kamen. Onkel arbeitete auf einer polnischen Kolchose. Tante Rosa kam etwa 1952 in die BRD und ging nach Bremen, wo sie 1958 verstarb. Tante Rosa stellte viele Ausreiseanträge für Onkel Johannes. Die liefen über das Rote Kreuz in Warschau nach Stolp. Dort blieben sie liegen, denn die Polen wollten die Ausreise verzögern. Man hatte ihn auf der Kolchose nötig. Die Ausreise aber wurde nötig, denn der älteste Sohn Hans wäre bald polnischer Soldat geworden, obwohl Onkel nie für Polen optiert hatte. Als Onkel dann in Stolp sehr massiv nach den Ausreiseanträgen fragte, zog der Bearbeiter eine Schublade auf, in der alle lagen.

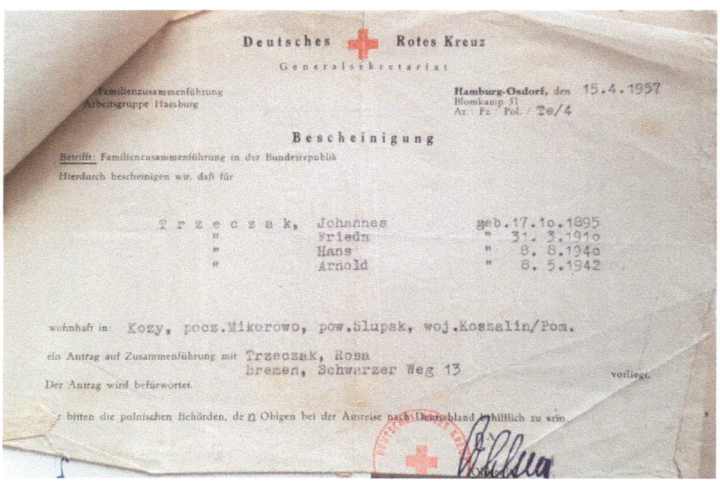

1958 kam die Ausreise über Gangloff nach Otterberg bei Kaiserslautern. Onkel verstarb dort 1972, Tante 1994. Die beiden Söhne Hans und Arnold leben heute noch dort. Die Stadt Otterberg hat ein „Gedenkbuch der Stadt Otterberg für die Opfer des zweiten Weltkrieges" herausgebracht. Von jedem Gefallenen oder Vermissten ist ein kleines Gedenken darin enthalten. Von Onkel Johannes ist in diesem Buch eine Aufzählung über die vielen Familientoten niedergeschrieben. Es sind insgesamt 20. Die meisten wurden beim Einmarsch der Russen erschossen.

### Anhang zur Flucht

Der Major Erich Mende, ehemaliger CDU-Bundestagsabgeordneter, schreibt in seinem Buch „Das verdammte Gewissen" von den Kämpfen auch um Sensburg, unserer Kreisstadt. Herrn Mende ist es zu verdanken, dass die Eltern noch in allerletzter Minute flüchten konnten, am 27. Januar 1945 abends. Am 28. Januar fiel Sensburg in die russische Hand.

(Gerhard & Konrad Terner, 1996)

## Anmerkung des Sohnes
## Arnold Terner

Ich danke meiner Mutter und meinem Vater für die große
Sorge und Mühe, die sie auf sich genommen haben, um
meinen Bruder Hans und mich gesund zu erziehen. Die
Kriegsjahre waren nicht leicht, die Flucht aus Ostpreußen
über das zugefrorene Haff, die feindliche Armee stets auf den
Fersen, die Bombardierungen aus der Luft, die kaputten
Straßen und die abertausende Flüchtlinge, die einen sicheren
Platz in Deutschland suchten. Und dann die Zeit 1945 bis
1958. Mein Bruder zog sich eine schwere Verletzung zu, weil
er von einer Hausruine stürzte. Auch ich lag neun Monate
lang im Krankenhaus. Unsere Eltern haben die ganzen Jahre
sehr gelitten. Uns Kindern ist es trotzdem fast immer gut
ergangen. Wir hatten zwar nicht viel, waren aber trotzdem
glücklich und zufrieden. Ich wünsche uns und allen Menschen
auf dieser Welt, nicht nur Gesundheit, sondern auch
dauerhaften **Frieden**. (April 2020)

*Arnold, Frieda, Johannes*

# Landkarte Ostpreußen

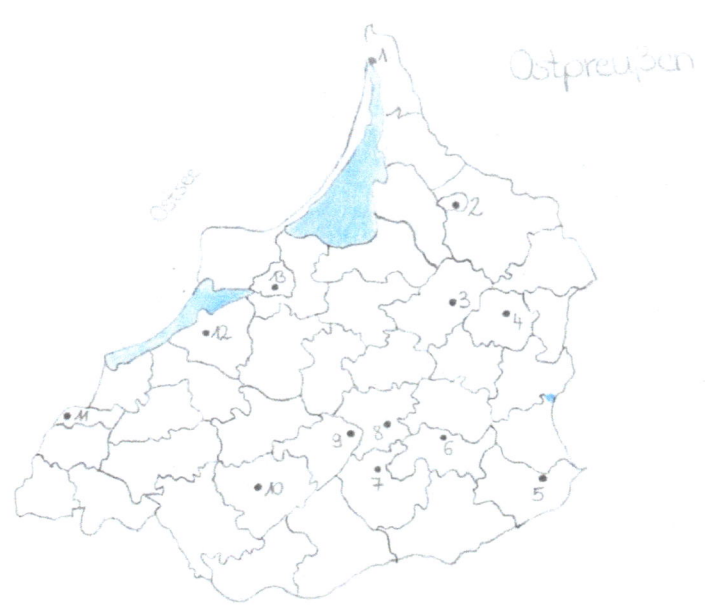

1) Memel

2) Tilsit

3) Insterburg

4) Gumbinnen

5) Lyck

6) Lötzen

7) Sensburg

8) Rastenburg

9) Rößel

10) Allenstein

11) Marienburg

12) Heiligenbeil

13) Königsberg

# Zwischen Bischofsburg und Lyck

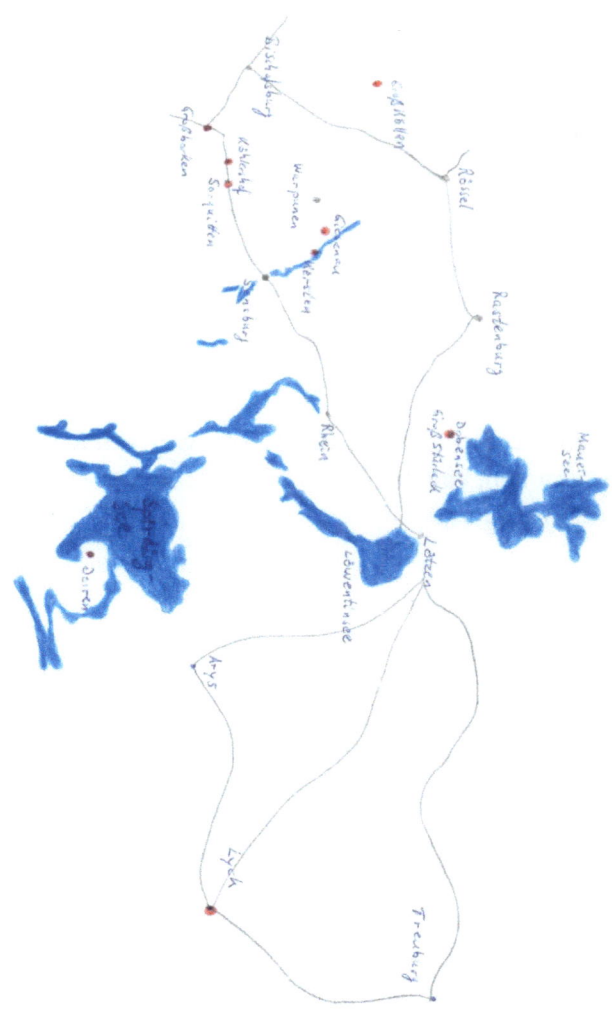

# Danksagung

„Das Leben in Ostpreußen" wäre ohne die Aufnahme der Kassetten nicht möglich gewesen. Der erste Dank gebührt also meinem Vater Olaf Terner, der meine Uroma bereits vor über 30 Jahren interviewte und erstmalig alles mit seiner Schreibmaschine zu Papier brachte.

Des Weiteren danken wir Arnold Terner, der uns verschiedene Texte seiner Familie zur Verfügung gestellt hat und uns bei Fragen zur Seite stand.

Zum größten Teil haben wir die Texte wortgenau übernommen, aber zum besseren Verständnis kleine Korrekturen vorgenommen.

© 2021, Dianella Terner Besada & Olaf Terner
Herstellung und Verlag:
BoD – Books on Demand, Norderstedt
ISBN: 9783753458694